CONTENTS

INTRODUCTION	3
CHAPITRE 1 : TROUVEZ VOTRE PASSION, TROUVEZ VOTRE NICHE	7
CHAPITRE 2 : COMMENT VALIDER VOTRE IDÉE D'ENTREPRISE	13
CHAPITRE 3 : DÉCIDER DE VOTRE MODÈLE D'ENTREPRISE	16
CHAPITRE 4 : COMMENT PROMOUVOIR VOTRE ENTREPRISE EN LIGNE	31
CHAPITRE 5 : MISE À L'ÉCHELLE DE VOTRE ENTREPRISE AFIN QUE VOUS PUISSIEZ TRAVAILLER MOINS	38
CHAPITRE 6 : COMMENT TRAVAILLER MOINS ET ENCORE DÉVELOPPER VOTRE ENTREPRISE	41
CONCLUSION	46
ACCORD DE DECHARGE DE RESPONSABILITE ET DE CONDITIONS D'UTILISATION	47
AVERTISSEMENT:	49
Un dernier mot	50

INTRODUCTION

Prenez un moment pour imaginer travailler pour vous-même sur une base quotidienne, sans personne vous dire quoi faire. Vous pouvez prendre sur des projets qui font appel à vous le plus et se sentent fiers que vous les regardez grandir et ajouter de la valeur au marché. Si c'est un scénario semble plus intéressant pour vous que de passer vos journées de travail 9 à 5 pour quelqu'un d'autre, alors vous avez probablement un esprit d'entreprise.

Peut-être que vous avez toujours rêvé d'être votre propre patron, mais ont craint de démarrer votre propre entreprise parce que vous manquez de temps et d'argent.. et peut-être vous n'avez pas l'impression que l'une de vos idées sont assez bons. Peut-être avez-vous peur de vous en sortir seul parce que vous avez peur de mettre vous-même et votre famille en danger.

Cependant, la bonne nouvelle, c'est qu'il n'a jamais été aussi facile de devenir entrepreneur qu'aujourd'hui. L'internet a contribué à réduire la plupart des obstacles à l'entrepreneuriat. Aujourd'hui, vous pouvez commencer à construire votre entreprise tout en continuant à travailler à votre travail régulier et seulement d'investir une heure ou deux par jour tendant à votre entreprise.

De plus, aujourd'hui vous avez accès à une mine d'or d'informations pour vous aider à réussir sous la forme de podcasts, livres, Blogs, etc. Vous pouvez profiter des expériences et des connaissances des autres et l'utiliser pour construire votre projet beaucoup plus rapidement et plus sûr qu'auparavant. La seule chose dont vous avez besoin pour réussir est un engagement profond à l'apprentissage et la volonté de mettre un peu d'effort dans la réalisation de vos objectifs.

Neya Urbanek

Le coût de démarrage et d'exploitation d'une entreprise en ligne est minime, tout comme le risque financier. Tout ce que vous devez acheter pour commencer votre entreprise sont un nom de domaine et un service d'hébergement, que vous pouvez obtenir pour environ €6 par mois.

Le reste, il dépendra du type de produit ou de service que vous allez vendre, mais il est tout à fait possible de démarrer votre entreprise avec aussi peu que €100.

Avec une entreprise en ligne, vous pouvez également travailler de n'importe où vous voulez, si vous décidez de travailler hors de votre maison ou la tête à un café ou un espace de coworking. Vous pouvez choisir où vivre, et vous avez la liberté d'organiser votre horaire presque entièrement comme vous le souhaitez.

La meilleure partie de tout cela est que vous ne serez pas coincé dans une cellule toute la journée, ou de manger à la cafétéria de bureau, ou passer des heures bloquées dans le trafic heure de pointe. Et surtout, votre salaire ne sera pas limité à ce qu'un employeur est prêt à vous payer.

Au début des années 70, Richard Russell, un écrivain financier, a écrit l'article, The Perfect Business. Selon Russell, une entreprise idéale comprenait les éléments suivants :

- Main-d'œuvre minimale

- appel mondial

- faibles frais généraux et investissements en capital

- génère un revenu passif

- vous donne plus de temps libre

- n'est pas dépendant de l'emplacement

- vous procure l'accomplissement

Si cela ne ressemble pas à un paradis professionnel pour vous, alors peut-être vous devriez rester à votre travail de 9 à 5. Cependant, si cela ressemble à un travail que vous aimeriez avoir, alors une entreprise en ligne est à droite vers le haut de votre allié. Dans les années 1970, il était difficile de trouver une idée d'entreprise qui correspondait à ces critères, mais aujourd'hui il est tout à fait possible grâce à Internet.

Il existe de nombreuses façons dont vous pouvez gagner votre vie enligne:

- Monétisation d'un blog
- offre de consultation ou de coaching
- création et vente de cours en ligne
- eBooks d'autoédition
- joindre des programmes d'affiliation
- vendre des produits physiques par e-commerce

Il existe des possibilités illimitées pour vous de trouver votre passion et de faire une entreprise en ligne réussie qui vous fournit un revenu passif et qui s'adaptera à votre style de vie.

CHAPITRE 1 : TROUVEZ VOTRE PASSION, TROUVEZ VOTRE NICHE

Alors que beaucoup de gens veulent démarrer une entreprise et devenir leur propre patron, ils sont retenus de prendre des mesures parce qu'ils ne savent pas quel genre d'entreprise pour commencer. Ne sachant pas par où commencer, la plupart des gens choisissent de rester où ils sont et de ne pas prendre le risque.

Utiliser cette équation métier:

Cependant, si vous ne voulez pas faire le saut et devenir un propriétaire d'entreprise en ligne, trouver une idée pour votre entreprise n'est pas si difficile. Une idée d'entreprise est généralement le résultat de l'équation suivante :

Un sujet que vous êtes intéressé par + personnes que vous aimez et que vous voulez aider + un problème qu'ils ont + une solution que vous pouvez fournir au problème, que vous allez emballer dans un produit ou un service de votre choix.

Si vous avez déjà une idée d'entreprise, alors tout ce que vous aurez à faire avant de commencer est de valider votre idée, que vous apprendrez dans le chapitre 2. Cependant, si vous n'avez pas encore trouvé d'idée, vous devrez commencer à vous interroger. Tout d'abord, vous devez réfléchir sur vos intérêts et le style de vie que vous espérez atteindre, ainsi que de réfléchir sur vos forces naturelles et l'ensemble de compétences que vous possédez déjà.

Déterminez ce que vous n'aimez pas au sujet de votre emploi actuel et de votre mode de vie et ce que vous aimeriez changer.

Il doit y avoir une chose, ou beaucoup, que vous n'aimez pas dans votre situation actuelle. Peut-être que vous n'aimez pas le manque de temps libre dans votre vie, ou peut-être c'est le trajet vers le travail qui vous a vers le bas ou même être dit quoi faire, ou peut-être l'absence d'un revenu suffisant.

Il est essentiel d'être précis lors de la définition de ce que vous essayez d'échapper de sorte que vous pouvez éviter de le recréer dans votre nouveau style de vie.

Par exemple, si un problème important pour vous est un manque de temps libre, alors vous ne devriez pas opter pour un modèle d'affaires qui nécessitera un montant égal de votre temps, comme le pigiste. Au lieu de cela, vous devez choisir un modèle qui générera un revenu passif.

Qu'est-ce que vous aimez dans votre situation actuelle ?

Tout n'est pas mal avec votre situation actuelle. Peut-être que vous appréciez les relations à votre travail et de travailler dans une équipe. Vous avez sans doute apprécié le fait que vous n'avez pas à penser à votre travail après avoir cadencé.

Il est bon pour vous de savoir ce que vous aimez si vous voulez être en mesure de reproduire ce dans votre entreprise en ligne. Par exemple, même si être un entrepreneur web signifie travailler par vous-même la plupart du temps, il ya différentes façons que vous pouvez ajouter des occasions sociales à votre nouvelle vie entrepreuriale. Vous pouvez partager l'espace de travail avec d'autres entrepreneurs et pigistes. Vous pouvez également assister à des groupes Meetup dans votre domaine et rencontrer d'autres personnes partageant les mêmes idées à l'occasion. Comprendre vos principaux intérêts

Naturellement, il y aura des sujets et des activités qui sont plus attrayants pour vous que d'autres. Il existe probablement des sujets de conversation que vous vous sentez plus enthousiaste, et il y a probablement certains sujets que vous êtes curieux d'en savoir plus. Si vous envisagez de créer un blog, ou même si vous ne le faites pas, vous aurez besoin de penser à un sujet que vous pourriez écrire sur tous les jours, sans grandir ennuyer.

Pour déterminer cela, vous voudrez vous poser les questions suivantes:

• Dans quelle section de la librairie vous dirigez-vous d'abord ?

• Quand vous êtes en attente au Bureau du médecin, quels genres de magazines Lisez-vous ?

• Quelles chaînes de télévision regardez-vous le plus ?

• Quel genre d'Articles Lisez-vous en ligne ?

• Quelles branche avez-vous le plus de plaisir à l'école ?

• Dans votre temps libre, quelles activités aimeriez-vous entreprendre ?

• Existe-t-il des sites Web particuliers que vous souhaitez parcourir ?

Évidemment, il est essentiel de choisir un sujet qui vous intéresse car il deviendra une partie de votre vie quotidienne parce que si vous ne le faites pas, vous allez bientôt vous ennuyer. Au fil du temps, vous découvrirez peut-être que vos intérêts sont légèrement différents de ce que vous pensiez d'abord. Parfois, il y a des activités que vous appréciez plus comme un hobby, mais pas nécessairement comme un travail.

Pour éviter cette erreur, prenez le temps d'explorer votre sujet et d'écrire à ce sujet pour un couple de semaines pour voir comment vous vous sentez avant de choisir de consacrer votre temps et d'énergie dans le transformer en une entreprise que vous ne pouvez pas profiter.

Si vous n'êtes pas capable de penser à quelque chose qui vous intéresse, alors il est temps d'explorer. Sortez et participez à de nouvelles activités, assistez à des événements auxquels vous n'auriez pas l'habitude d'aller, et prenez le temps d'apprendre une nouvelle compétence. Pensez à quelque chose que vous avez toujours été curieux, et de parler à d'autres qui sont déjà engagés dans

l'activité. Aussi, soyez curieux au sujet des personnes que vous rencontrez. Posez-leur des questions sur leurs emplois, leurs projets et leurs intérêts. Il pourrait être un peu inconfortable au début, mais ce sera quelque chose qui vous aidera à générer de nouvelles idées.

Déterminez vos forces et vos talents

Ce n'est pas sur les compétences que vous avez, mais plutôt vos talents naturels et les forces qui ne sont pas des choses que vous avez acquises par l'expérience et la pratique. Ce sont les activités qui viennent à vous naturellement et plus efficacement que d'autres. Vous pourriez être doué pour écrire et jouer avec des mots, résoudre des problèmes, effectuer des tâches manuelles ou analyser des concepts.

Déterminez vos faiblesses naturelles

Il est essentiel que vous ne pensiez pas à une faiblesse comme un manque de compétences, parce que vous pouvez apprendre des compétences. Vos faiblesses « naturelles » sont des aspects que vous vous sentez moins à l'aise. Par exemple, vous n'avez peut-être pas un sens de l'esthétique bien développé, ou vous avez du mal à rester organisé. Pour réussir avec votre nouvelle entreprise en ligne, vous devrez adopter un état d'esprit de croissance et un désir de travailler sur vos faiblesses pour vous améliorer continuellement. Cependant, il est encore nécessaire de reconnaître vos faiblesses, de sorte que vous ne choisissez pas un modèle d'affaires qui rendra les choses inutilement délicates au début.

Quel type de personnalité avez-vous ?

Certains aspects de votre personnalité détermineront ce qui vous apportera plus d'accomplissement et de joie, de la même manière, que vos talents et vos forces seront. Un moyen facile d'expliquer le rôle que joue la personnalité dans la détermination de votre idée d'entreprise est de considérer les différences entre un extraverti et un introverti.

Un extraverti est plus susceptible de profiter des rassemblements sociaux et des événements de réseautage qu'un introverti. D'autre part, un introverti ne serait probablement pas l'esprit passer de nombreuses heures de travail seul. Une personne timide peut avoir un problème devant une caméra, tandis que quelqu'un qui est plus actif pourrait préférer se déplacer plus, au lieu de s'asseoir derrière un ordinateur plusieurs heures par jour.

Quelles sont vos compétences, votre expérience et votre expertise?

D'autres choses que vous devez garder à l'esprit sont vos compétences et votre expertise. Ce sont les capacités et les connaissances que vous avez acquises au fil du temps au travail et à travers d'autres activités.

Il vous aidera à vous déplacer plus rapidement dans le processus de démarrage d'une entreprise si vous choisissez un sujet autour de vos compétences et de l'expertise actuelles, car vous n'aurez pas à passer du temps à acquérir de nouvelles compétences et connaissances connexes.

Cependant, ce n'est pas obligatoire comme vous pouvez toujours apprendre.

Trouver votre niche

Une fois que vous avez déterminé un sujet que vous êtes intéressé à poursuivre, vous aurez besoin d'obtenir plus précis quant à quel aspect du problème que vous voulez couvrir. Un sujet de niche est une catégorie plus restreinte au sein de votre sujet. Par exemple, si vous choisissez la photographie comme sujet, vous pouvez choisir la photographie en plein air plutôt que la photographie générale. Choisir un sujet de niche par rapport à un sujet plus large contribuera à augmenter vos chances d'exploiter une entreprise prospère parce que la concurrence ne sera pas aussi répandue.

Démarrer une entreprise autour d'un sujet large est une erreur commune que beaucoup de nouveaux entrepreneurs font. Il peut être difficile de concurrence pour l'attention et la part de marché avec les entreprises déjà établies. En choisissant un sujet plus étroit, plus spécifique, vous augmenteront la probabilité de se tenir dehors et de se faire remarquer. Il vous aidera également à bâtir votre autorité sur le terrain pour générer des revenus plus rapidement.

Si vous n'êtes pas sûr de la rubrique à choisir, vous voudrez peut-être considérer l'une de ces catégories qui ont prouvé être rentable.

- Développement personnel • santé et bien-être

- Rencontres

- affaires et finance

Il y aura toujours de l'espace pour entrer dans un de ces marchés car ils correspondent aux besoins de ce que beaucoup de gens veulent satisfaire ou des problèmes communs qu'ils veulent résoudre. Vous pouvez choisir une niche dans l'une de ces grandes catégories.

CHAPITRE 2 : COMMENT VALIDER VOTRE IDÉE D'ENTREPRISE

Valider votre idée d'affaires est une étape cruciale que beaucoup de gens manquent avant qu'ils dépensent le temps et l'énergie pour obtenir leur entreprise et pour courir. Cependant, vous voulez toujours vous assurer que votre idée est un gagnant avant que vous soyez trop investi dans l'entreprise. Valider votre idée d'entreprise est l'étape la plus critique que vous pouvez prendre. Sauf si vous prenez le temps de tester le marché pour vos idées, vous n'aurez pas une entreprise stable et de longue durée.

Le plus grand argument pour les validations d'idée est de vous aider à éviter de gaspiller votre argent sur une idée qui ne sera pas rentable. Si vous voulez que votre entreprise fasse de l'argent, alors vous devez vous assurer qu'il y a un marché pour ce que vous vendez. Lorsque vous prenez le temps de rechercher votre idée, vous pouvez éviter de faire des erreurs coûteuses.

Utiliser Google Trends

Google Trends (https://trends.google.com) est un excellent outil que vous pouvez utiliser pour vous aider à déterminer quelles sont les tendances pour votre créneau particulier, qui peut vous aider à valider votre idée. L'outil vous permet non seulement de voir si votre niche est en croissance ou de rétrécissement, mais il peut également vous fournir des tendances saisonnières.

Vous pouvez utiliser ces informations avec Googles Keyword

Planner (https://ads.google.com) pour déterminer le volume de recherche des mots clés spécifiques obtenir. Bien que cela ne vous dira pas si oui ou non vous avez choisi un créneau rentable, il vous dira si votre créneau est recherché en ligne. Si votre créneau particulier montre un nombre élevé de recherches, il est très probable que votre niche vaut la peine de plonger dans. Il montre également que vous pouvez construire un auditoire à travers le traffic organique.

Utiliser Moz.com pour rechercher des mots clés

La recherche par mot-clé est l'une des activités les plus critiques que vous pouvez faire pour valider votre idée d'entreprise. Moz.com (https://moz.com) est une société de logiciels en tant que service (SaaS) qui vend des abonnements de logiciels d'analyse marketing entrants. Leur outil Explorateur de mots clés peut vous aider à rationaliser et à améliorer la façon dont vous découvrez et priorisez les mots clés que les consommateurs peuvent utiliser pour rechercher des produits et des services dans votre créneau particulier.

Il vous montrera les données mensuelles de volume de recherche, vous donnera une idée de combien il sera difficile pour vous de classer pour chaque mot-clé, vous fournir un taux de clics estimé, et vous donner un score qui représente votre potentiel de rang dans les moteurs de recherche. Toutes ces informations peuvent vous donner un meilleur sens quant à savoir si votre idée peut être rentable.

Utilisez Buzzsumo pour voir les tendances dans les médias sociaux

Buzzsumo (https://buzzsumo.com) est un outil en ligne puissant qui vous permettra de savoir quel contenu est populaire par sujet ou sur n'importe quel site Web. Afin de valider votre idée d'entreprise, vous devez savoir ce que les gens parlent et quel contenu est populaire. Plutôt que de passer des heures à numériser les différents sites sociaux pour déterminer cela, vous pouvez utiliser Buzzsumo en entrant des critères de recherche spécifiques et en analysant le contenu pour savoir ce qui fonctionne déjà dans votre créneau.

Buzzsumo recherche sur plusieurs sites sociaux pour recueillir des informations sur les sujets qui obtiennent le plus d'attention. Il cherche aussi les gens que les autres écoutent le plus et vous fournir un aperçu sur qui vous devez suivre, et sur ce que vos concurrents potentiels font, qui peut aller un long chemin quand il s'agit de valider votre idée.

Recueillir des commentaires

L'une des meilleures façons de valider votre idée d'entreprise est de recueillir des commentaires de clients potentiels. Vous pouvez utiliser des sites comme SurveyMonkey (https://surveymonkey.com) pour recueillir des commentaires sur vos pensées. Prenez le temps de créer un sondage, puis partagez-le sur vos réseaux de médias sociaux et envoyez- le à des professionnels de confiance et à d'anciens collègues de travail. Cela vous permettra d'évaluer les besoins, les intérêts et les lacunes dans les industries spécifiques.

CHAPITRE 3 : DÉCIDER DE VOTRE MODÈLE D'ENTREPRISE

Avant de commencer, il est essentiel que vous compreniez qu'il y a une différence entre travailler sur un projet personnel et bâtir une entreprise. Lorsque vous travail- lez sur un projet personnel, vous faites quelque chose que vous appréciez pour vous-même, sans demander aux autres ce qu'ils pensent. La plupart du temps, lorsque vous travaillez sur un projet personnel, il s'agit de vous.

Cependant, lorsque vous construisez une entreprise, il ne s'agit plus de vous, mais plutôt de votre public cible. Il s'agit de servir votre auditoire et votre marché et de répondre à un besoin qu'ils ont exprimé.

Bien que vous devriez toujours s'efforcer de faire quelque chose que vous aimez, dans le cas de l'entreprise, cependant, profiter de vous-même n'est pas suffisant pour vous de trouver le succès. La responsabilité première d'une entreprise est de servir le marché. Par exemple, si vous créez un blog de voyage, il ne serait pas considéré comme une entreprise jusqu'à ce que vous monétiser le blog en ajoutant de la publicité, ou en vendant vos propres produits ou d'une société affiliée.

Il y a cinq approches principales que vous pouvez considérer quand il s'agit de créer une entreprise en ligne.

•Blogs

•YouTube

• produits physiques avec l'accomplissement par Amazon • cours en ligne

- freelancing

Modèle #1 : blogging

Blogging est une entreprise plutôt engageante. Uarticle intitulé The milliardaire blogueurs a déclaré qu'il ya plus de 112 millions personnes, dans le monde entier, ce blog régulièrement, et que sur tous les 1 125 sur la liste qui sont de vrais blogueurs, 13 d'entre eux ont atteint le statut de milliardaire.

Blogging, en tant que profession, s'est avéré être une entreprise très lucrative. Cependant, il n'y a pas trop de gens qui ont la compréhension et la connaissance pour faire une carrière réussie de blogs. Tout en créant un blog réussi n'est pas un exploit facile en raison de la concurrence, avec la bonne combinaison de la passion, le talent, le dévouement et le bon sens des affaires, vous pouvez devenir un succès.

Si vous voulez être un blogueur réussi, alors vous devez posséder le lecteur, la passion et avoir une certaine expertise dans votre niche respective. Cependant, la plupart de l'argent que les blogueurs font ne proviennent généralement pas de blogs seuls. Pour la plupart, un blog sert de plateforme ou de tremplin pour lancer d'autres produits et services qui fournissent un revenu. Aucune méthode de faire de l'argent en ligne est meilleure que l'autre, car ils offrent tous des possibilités infinies pour le blogueur. Ce que vous devez faire est de trouver une combinaison qui fonctionne pour vous. La clé pour faire de l'argent de blogs est d'avoir plusieurs flux de revenus de votre blog. Par exemple, si vous blog sur le voyage, alors vous voudrez peut-être essayer de vendre votre service en tant qu'agent de réservation ou de créer un partenariat d'affiliation avec des agences de voyage, Hôtels, ou Airbnb.

Il y a plusieurs façons que vous pouvez faire de l'argent à partir de votre blog. Les méthodes énumérées ici ne sont que quelques-unes. Votre portée et votre lectorat seront les principaux facteurs déterminant l'argent que vous pouvez faire, que votre fenêtre d'opportunité sont infinies lorsque votre blog devient populaire.

Google AdSense

La façon la plus populaire de créer des revenus par le biais de votre blog est via Google AdSense (https://google.com/adsense). Il s'agit d'un réseau publicitaire qui est alimenté par Google et est probablement le réseau publicitaire le plus populaire dans le monde. Une majorité des annonces que vous rencontrerez lorsque vous surfez sur le Web sont placées là par Google AdSense. Les annonces placées par Google AdSense viennent sous différentes formes et modèles. Certains seront des images, tandis que d'autres seront dans la voie du texte. Ils sont souvent placés dans les en-têtes et pieds de page d'un site Web, mais peuvent également apparaître dans les messages, ou n'importe où ailleurs vous, en tant que propriétaire du blog, souhaitez les afficher. AdSense est un excellent endroit pour commencer si vous êtes nouveau à blogging parce qu'il est relativement facile à mettre en place. Les annonceurs paient de l'argent pour les clics sur leurs annonces qui sont affichées sur votre blog.

La clé ici pour récolter les avantages de Google AdSense est de créer du contenu de haute qualité qui conduit le traffic vers votre blog. Plus les gens qui visitent votre blog, plus les chances sont d'eux en cliquant sur les annonces.

Posts sponsorisés

Placer des posts sponsorisés sur votre blog est l'un des moyens les plus effcaces pour faire de l'argent à partir de votre blog à travers la publicité. Un poste parrainé est un billet de blog que vous êtes invité à faire par une entreprise ou une organisation qui tente d'atteindre les lecteurs de votre blog. Avec ce type de poste, vous êtes plus que probablement commandé pour écrire sur un service ou un produit. Avec ces types de postes, vous êtes censé montrer le produit ou le service dans une excellente lumière pour encourager votre public cible à envisager d'acheter de l'entreprise. Lorsque vous placez des messages sponsorisés sur votre blog, il est conseillé de laisser vos lecteurs savoir ce que votre relation avec l'entreprise est de vous aider à maintenir votre intégrité. Il est également essentiel que vous gardiez ces types de postes à un minimum parce qu'ils peuvent être offensants pour certains lecteurs.

Marketing d'affiliation

Ça c'est le gros mot qu'on adore!

Le travail d'un affilié commercialisation est de promouvoir le produit ou le service de quelqu'un d'autre dans un billet de blog ou par d'autres moyens. Lorsque vous créez des liens sur votre poste à ce produit ou service en utilisant votre lien affilié unique ou le code, vous obtenez de payer une Commission lorsque quelqu'un clique sur le lien et fait un achat.

Le marketing d'affiliation est une façon populaire de monétiser votre blog parce qu'il y a tant d'entreprises là-bas qui cherchent à annoncer leurs produits.

Vendre des produits physiques ou numériques

Une autre façon de monétiser votre blog est en vendant des produits physiques ou numériques à vos lecteurs. La meilleure façon de le faire est d'incorporer des images du produit que vous voulez vendre avec un bouton qui dit "acheter maintenant." Vous voudrez mentionner le prix, mais seulement après une copie de vente bien écrite. Il est également judicieux d'inclure des « bonus » lorsque cela est possible. C'est surtout fait lorsque vous vendez des produits numériques comme des eBooks et des cours.

Les plateformes comme Shopify et Woo commerce ont rendu

peu coûteux pour quiconque de créer une boutique en ligne et de vendre des produits physiques en ligne. Cependant, en raison des diverses logistique impliquées dans la vente de produits physiques, il peut être difficile. Vous pouvez essayer de trouver des entreprises qui offrent l'étiquette blanche ou des services d'expédition de baisse, qui peut aider à libérer votre temps pour conduire plus de ventes.

Si vous n'aimez pas l'idée de traiter des produits physiques, vous pouvez choisir de vous concentrer sur la vente de produits numériques, comme les vidéos, les cours de formation ou les logiciels.

#2: de modèle-YouTube

Chaque jour, près de 5 milliards de vidéos sont visionnées sur YouTube (https://youtube.com) par leurs 300 millions spectateurs. En tant que plateforme de médias sociaux, c'est le site vidéo le plus utilisé dans le monde. Les raisons derrière la popularité de YouTube est qu'il fournit des vidéos pertinentes et couvre à peu près tous les créneaux. Il est devenu une plus grande alternative aux chaînes de télévision. Des canaux de cuisson aux Hacks de beauté, des films, des chansons et des vidéos drôles, vous pouvez trouver n'importe quoi sur le site pour répondre à vos besoins. Cela a également fait un excellent moyen de gagner de l'argent grâce à des publicités.

Tout comme avec la télévision, les chaînes YouTube gagnent de l'argent grâce à des publicités à l'écran, avec une part substantielle des produits donnés à la personne qui a produit le contenu. C'est ainsi que vous pouvez utiliser YouTube pour faire de l'argent en ligne. Vous créez du contenu, le téléchargez sur YouTube, Gagnez de l'audience et gagnez en conséquence.

La meilleure chose à propos de YouTube est qu'il vous permet d'obtenir un public spécifique à travers la nature de votre travail. Plus le contenu que vous produisez est attrayant, plus vous apprendrez si vous postulez ou non pour une promotion. Il ne vous oblige pas également à avoir un niveau professionnel d'expertise ou d'équipement coûteux pour faire vos vidéos. En fait, parfois une vidéo ordinaire de votre cellule téléphone peut obtenir plus d'attention qu'une haute qualité, vidéo professionnelle. Tout cela est dû au type de contenu qui est produit. Comme avec n'importe quel média, vous devez comprendre votre public cible.

Si vous pensez que la production de vidéos YouTube serait un excellent ajustement pour vos objectifs d'affaires, voici quelques-unes des meilleures façons de gagner des revenus avec vos vidéos. Payé par le biais de revenus publicitaires YouTube et Google sont connectés, ce qui signifie que le moteur de recherche vidéo fonctionne comme et est tout aussi efficace que le moteur de recherche de Google. Avec ses tarifs raisonnables, Google est devenu le maître des annonces en ligne, c'est pourquoi tant d'entreprises utilisent ce service. Avec YouTube, la plate-forme paie la personne qui a produit la vidéo en fonction du nombre de clics qu'elle a reçu, et par la façon dont le public est engagé avec les publicités.

Cependant, la monétisation sur YouTube ne peut pas être lancée rapidement. Vous devez avoir un nombre suffisant d'afficheuses et d'abonnements importants sur votre chaîne avant de pouvoir connecter votre compte à Google AdSense. Cependant, une fois que votre compte a été activé avec Google AdSense, chaque annonce vous fournira un revenu.

Il existe plusieurs façons différentes que ces publicités apparaîtront sur votre vidéo, que ce soit en tant qu'annonces de déploiement ou bannières publicitaires. Le type n'est pas aussi important aussi longtemps que vous avez un bon nombre de vues et d'engagement. En général, vous avez besoin d'au moins 30 secondes d'engagement afin d'être payé.

Vous pouvez utiliser YouTube comme une plateforme de gain à plein temps avec rien de plus qu'un compte actif et autour d'un million d'utilisateurs.

Placement de produit autre que l'utilisation de votre chaîne YouTube comme plateforme publicitaire, vous pouvez devenir un endosseur. Cette méthode n'implique pas l'utilisation de Google AdSense ; vous pouvez plutôt approuver un produit directement dans votre vidéo. Par exemple, si vous utilisez un canal de beauté, vous pouvez recommander n'importe quelle marque ou produit cosmétique à vos téléspectateurs. Dans ce cas, vous pouvez trouver une société qui vous paiera directement pour la promotion de leurs produits.

Encore une fois, le paiement dépendra de la quantité que votre public s'engage dans le processus. De plus, les termes de l'accord affecteront le montant que vous pouvez faire. Parfois, il peut être aussi élevé qu'une Commission de 15 pour cent pour la chaîne YouTube par vente de produits.

Chaînes d'abonnement rouges sur YouTube en général, l'abonnement au canal est gratuit pour tous les téléspectateurs. Cependant, la nouvelle fonctionnalité de YouTube, les abonnements rouges, vous permettent de facturer le public ou de vous abonner à votre chaîne et à ses vidéos. Lorsqu'un canal atteint 1 000 abonnés actifs, YouTube Red fournit une fonctionnalité dans laquelle vous pouvez facturer par abonnement. Cette caractéristique est couramment utilisée avec des chats en direct ou des cours éducatifs.

#3: de modèle-Amazon FBA

Amazon FBA (réalisé par Amazon) est devenu extrêmement populaire au cours des dernières années. Ce modèle d'affaires ne vise que les produits physiques. La raison de sa popularité pourrait provenir du fait que n'importe qui peut vendre leurs produits physiques en ligne, sans avoir à être une personne d'affaires nécessairement.

Comme Amazon gère tous les stocks de stockage, d'expédition et de service à la clientèle, un grand nombre de risques est supprimé. L'avantage est que vous n'avez pas besoin de prendre le risque personnel d'ouvrir un entrepôt, comme une entreprise traditionnelle. En outre, Amazon est extrêmement populaire et a une tonne de traffic déjà, rendant la recherche de nouveaux clients beaucoup plus facile.

Les statistiques montrent que 44% de l'ensemble du commerce électronique se produit sur Amazon. C'est énorme compte tenu d'autres magasins en ligne préférés comme eBay, Target, et Wal-Mart essaient également de vendre leurs produits en ligne.

Bien que n'ayant pas besoin de trouver un entrepôt et ne pas avoir à se soucier de trouver le traffic sont des avantages significatifs pour ce en ligne modèle d'entreprise, il existe des frais de services

associés à ce service Amazon. La règle générale est que Amazon

FBA (https://services.amazon.com/fulfillment-by-amazon) prendra environ 1/3 du bénéffice de la vente du produit sur leur site. Cependant, les frais varient en fonction de la taille et du poids de votre produit.

Il existe plusieurs catégories de tailles différentes : • petite taille standard

• grande taille standard

• petit oversize

• Medium oversize

• grand oversize

• oversize spécial

Chacune des dimensions de ces tailles peut être trouvée sur le site Web d'Amazon. Il y a plus de trois douzaines de catégories de produits physiques que vous pouvez choisir de vendre. Il est important de noter qu'Amazon fait continuellement des changements et peut ajouter ou supprimer une catégorie à tout moment. Vous pouvez trouver une liste des catégories sur leur site.

Il existe des catégories spécifiques « restreintes », et tout le monde ne peut pas vendre ses produits s'ils appartiennent à l'une de ces catégories. Actuellement, 22 classes restreintes requièrent l'approbation d'Amazon avant de pouvoir vendre les produits

correspondants sur le site. Amazon peut apporter des modifications à ces catégories, il est donc essentiel pour vérifier les catégories sur le site Amazon avant de lancer une ligne de produits.

Pour accéder aux catégories restreintes, vous devez passer par le processus d'approbation, qui implique souvent la fourniture de factures et d'autres documents à Amazon. Si vous lancez un produit pour la première fois, vous voudrez peut-être éviter ces catégories si possibles.

Mise en route avec Amazon FBA

Il existe de nombreuses façons que vous pouvez vendre sur Amazon FBA, y compris l'arbitrage de détail, l'arbitrage en ligne, et l'étiquetage privé. L'arbitrage de détail est la pratique d'acheter des produits bon marché à partir de grands magasins de boîtes ou de magasins d'aubaines et de les vendre en ligne sous une liste

Amazon existante. L'arbitrage en ligne est lorsque vous achetez des produits en ligne à partir d'autres sites Web, comme eBay, et les vendre sur Amazon pour faire un produit.

Il est important de noter qu'Amazon a rendu beaucoup plus difficile pour les gens de vendre par le commerce de détail et en ligne d'arbitrage, car il est la restauration plus vers les marques. Cela signifie que vous voudrez peut-être éviter ces deux méthodes et aller pour la troisième option de l'étiquetage privé.

Étiquetage privé nécessite plus de travail, mais a beaucoup

d'avantages. Pour commencer, vous pouvez créer votre propre liste pour votre produit, car c'est pour votre marque personnelle. Cela vous donne un effet de levier parce que d'autres vendeurs ne peuvent pas vendre vos produits de marque, sauf si vous leur permettez de le faire. Ensuite, à mesure que votre marque grandit, vous pouvez ajouter plus de produits et avoir une véritable entreprise de votre propre.

#4: de modèle-cours en ligne

Une excellente façon de faire de l'argent en ligne est en créant des cours de vidéo en ligne. N'importe qui avec une sorte de compétence ou passe-temps peut enseigner ce qu'ils savent. Tout ce qu'il faut, c'est que vous ayez suffisamment de connaissances sur votre sujet que vous pouvez transmettre à quelqu'un d'autre qui veut apprendre. Que vos compétences comprennent la lecture d'un instrument, la conception graphique, la programmation in- formatique, ou l'expertise de faire-it-yourself, vous voudrez peut-être explorer la possibilité de créer un cours en ligne et de le vendre à d'autres.

Il y a toujours une tonne de gens à la recherche sur Internet pour les autres qui ont une expérience réelle dans l'accomplissement d'une tâche particulière et peuvent les aider à apprendre. C'est pourquoi ils sont disposés à payer pour le service. Il est important de noter l'accent mis sur « l'expérience réelle ».

La plupart du contenu que vous seriez l'enseignement est disponible gratuitement en ligne, mais l'idée ici est que beaucoup de gens préfèrent payer quelqu'un qui a une expérience réelle et qui peut leur montrer comment effectuer les tâches en simple, facile à suivre les étapes. Ce qui va vous démarquer de tous les autres en ligne est le genre d'expérience que vous avez et la quantité de connaissances que vous possédez sur la compétence particulière. Cette méthode ne nécessite pas que vous ayez une expérience d'enseignement. Si vous avez une certaine expérience d'enseigner aux autres, vous avez un avantage supplémentaire, mais ce n'est pas une condition préalable pour ce modèle d'affaires en ligne. Il existe un certain nombre de places de marché en ligne qui existent où vous pouvez créer vos cours et les publier pour les étudiants qui en ont besoin. Des plateformes comme Udemy (https://udemy.com) et Skillshare (https://join.skillshare.com) sont les plus populaires, avec Udemy attirant plus de 9 millions étudiants de 190 pays. Des plateformes comme teachable vous permettent de créer votre propre salle de classe en ligne.

Possibilité de gagner des cours en ligne une fois que vous avez créé et publié vos cours, la possibilité de gagner des revenus est illimitée. Il est souhaitable que vous créiez plus d'un cours et ayez un large portefeuille pour augmenter les revenus potentiels que vous pouvez gagner de ce modèle d'affaires en ligne.

Après avoir un ou plusieurs cours en ligne, vous pouvez passer votre temps à créer un buzz autour de vos cours. Certains des cours que vous construisez peuvent vous obliger à actualiser vos connaissances si vous ne les avez pas regardées récemment. Autre que cela, la seule action que vous avez besoin de se préoccuper de la prise est de commercialiser vos cours et le traffic de conduite. La plupart des classes que vous pouvez trouver en ligne vendre pour n'importe où de $10 à $500. Bien sûr, cela dépendra du volume, du type de connaissances vendues et de la popularité de l'instructeur.

Une chose importante à mentionner est que vos élèves auront beaucoup de questions. Il est recommandé que, avec le cours, vous configurez un groupe spécifique sur Facebook, spécifiquement pour vos étudiants. De cette façon, ils peuvent poser des questions, et d'autres membres peuvent les aider s'ils connaissent la réponse. Comme vous gagnez de la traction, vous pouvez augmenter le prix de vos cours et gagner encore plus d'argent.

Commencer à faire de l'argent à partir de cours en

ligne

La première décision que vous devez faire est ce que vous allez enseigner et comment vous allez faire vos vidéos. Vous voudrez faire vos recherches et examiner d'autres cours en ligne réussis dans l'industrie que vous ciblez. Cela vous aidera à tirer des enseignements des erreurs des instructeurs existants.

Il existe de nombreuses options différentes disponibles que vous pouvez inclure dans votre instruction, et doit toujours utiliser des illustrations, des scénarios et des exemples pour faciliter la compréhension. Si votre cours comporte des étapes pratiques, vous voudrez peut-être envisager de créer des vidéos qui vous ont pratiquement analysé les étapes.

Promotion de votre cours Udemy et Skillshare sont des marchés en ligne qui vous aident à promouvoir des cours à travers leur plateforme. Vous devez encore faire le marketing pour votre cours sur votre propre puisque vous ne pouvez pas seulement compter sur leurs algorithmes. S'ils modifient leurs algorithmes, il se peut que vous ne soyez pas enquête d'un résultat de recherche spécifique. C'est pourquoi vous aurez encore besoin de diversifier votre marketing et les sources de traffic.

Pour promouvoir et commercialiser votre cours avec succès, vous devriez utiliser les différentes plateformes de médias sociaux. Une plateforme qui s'est avérée extrêmement utile est YouTube. Avoir des vidéos gratuites sur YouTube qui ajoutent de la valeur peut aider à convertir les téléspectateurs en clients. Votre chaîne YouTube devrait être une excellente plate-forme pour la publicité de votre cours.

Vos vidéos ne doivent pas avoir plus de trois minutes de long et doivent mettre en évidence la partie cruciale de votre plan de cours, et il devrait inviter le spectateur à s'inscrire sur l'un des marchés de cours en ligne qui hébergent votre cours. Vous pouvez appliquer cette même stratégie à Facebook et Instagram, même si vous ne pouvez faire qu'une vidéo d'une minute sur Instagram. Être actif et répondre à des questions sur des forums comme quora.com peut également vous aider à construire un suivant et de répandre votre portée.

La création de cours en ligne peut être très lucrative. Une fois que vous avez surmonté l'obstacle majeur de la conception du cours, vous pouvez vous inscrire et le télécharger sur l'un des marchés en ligne et commencer à gagner du revenu.

Modèle #5: freelancing

Travailler en tant que pigiste est grand parce que vous pouvez gagner sa vie en faisant ce que vous aimez. Grâce à Internet et à une multitude de sites Web indépendants, le pigiste est devenu un modèle d'affaires en ligne viable que des millions de personnes

profitent actuellement. Cependant, si vous êtes à la recherche

d'une entreprise en ligne plus passive où vous devez mettre dans un effort minime, ce modèle d'affaires en ligne pourrait ne pas être pour vous.

Les sites freelances comme Upwork et Fiverr, agissent comme une plateforme où les freelances et les entreprises peuvent interagir les uns avec les autres et travailler les uns pour les autres dans un environnement sûr. Ils travaillent à maintenir la confiance et la confiance pour les deux parties, et en contrepartie, ils facturent

un petit supplément pour chaque projet accompli sur le site. Voici quelques-uns des sites les plus couramment utilisés que vous pouvez utiliser pour obtenir votre entreprise freelance a commencé.

▷ Fiverr une plate-forme de service freelance, Fiverr (https://fiverr.com) est spécialement conçu pour aider les entrepreneurs dans leur quête pour trouver viable, le travail en ligne. Il fournit des fonctionnalités spéciales et des outils qui peuvent aider les entreprises à trouver du talent dans la communauté massive de pigistes en ligne. Le site permet aux gens de travailler à la fois pour un contrat à long terme, ainsi que des contrats à court terme et une fois. Qu'une entreprise ait besoin d'un graphiste, d'un écrivain, d'un programmeur, d'un annonceur ou d'autres talents, elle peut rechercher le site rapidement et embaucher un candidat approprié possédant l'expérience et l'expertise nécessaires pour le projet en question.

La grande chose à propos de Fiverr, c'est que vous n'avez pas à payer d'argent pour vous joindre. Tout ce que vous devez faire est de vous inscrire pour un compte et commencer à travailler. Bâtir une bonne réputation et traiter avec les clients est à vous. Plus vous mettez de l'effort et plus vous travaillez dur, plus vous réussirez. Le site ne facture que des frais pour s'assurer que les deux parties se conforment à l'Accord stipulé. Si vous souhaitez avoir accès à certaines des autres fonctionnalités, vous pouvez vous inscrire à un forfait Premium.

▷Upwork actuellement, upwork (https://upwork.com) a le plus grand groupe d'employeurs et de pigistes sur tous les sites Web pige. Il est idéal pour les entreprises de toutes tailles avec des projets allant de petite à grande. Le site a rendu le processus d'embauche plus facile en énumérant simplement le talent basé sur le niveau de compétences et le type de niche. Le site a les capacités de détecter les faux profils et les faux travailleurs et travaille à éliminer ces facteurs. Le site est gratuit pour une utilisation générale, mais coûte un peu plus si vous voulez avoir accès à des fonctionnalités supplémentaires. Les caractéristiques comprennent des rapports personnalisés, l'aide à l'embauche, et les plans de financement et de tarification consolidée.

▷Upwork dispose d'un système de dépistage sans tracas pour les employeurs. Avec la nature impersonnelle de travailler en tant que pigiste, il peut être de maintenir une confiance mutuelle, ce qui est une condition préalable à une bonne exécution. Upwork fournit la planification de chat et un système de navigation de profil qui aide à créer une connexion personnelle entre les deux parties. Il permet aux acheteurs d'interviewer le vendeur d'abord et d'interagir avec eux avant de fixer le premier jalon.

▷Freelancer.com un autre site Web facile à utiliser, pige est Freelancer.com (https://Freelancer.com), qui est un marché avec un système de crowdsourcing. Le site peut vous connecter avec des millions d'acheteurs qui sont situés dans plus de 247 pays à travers le monde. Il offre des plans spécifiques pour utiliser tous les outils de base et Premium. Le site Web a gagné la confiance des professionnels travaillant dans des sphères créatives, techniques et professionnelles.

Le site vous permet de placer facilement une enchère sur des offres liées à la comptabilité, l'écriture, le marketing, la saisie de données, l'ingénierie ou le développement de logiciels. Le processus de recrutement est sans tracas qui fournit une solution aux problèmes qui sont souvent associés à l'embauche de clients. Les vendeurs peuvent rechercher sur le site et parcourir les portefeuilles de l'employeur et placer des offres sur le projet si elle semble être un ajustement pour vos compétences particulières. Le site garantit également un mode de paiement sécurisé, qui est protégé par le site. Une fois que l'employé est satisfait du travail, le paiement est immédiatement libéré en faveur du pigiste.

CHAPITRE 4 : COMMENT PROMOUVOIR VOTRE ENTREPRISE EN LIGNE

Une fois que vous avez déterminé le modèle d'affaires en ligne qui fonctionnera le mieux avec votre style de vie, vous devrez commencer à promouvoir votre entreprise en ligne. Il y a plusieurs façons que vous pouvez le faire, de la publicité avec Google et Facebook, à l'utilisation des médias sociaux, à collaborer avec d'autres.

Conduire le traffic vers votre nouveau site Web d'affaires peut souvent sembler comme le barrage routier le plus significatif dans votre voyage d'affaires en ligne. Cependant, une fois que vous avez réussi à passer à travers cela, les choses vont être plus facile. Avec des millions de sites en ligne aujourd'hui, il est devenu de plus en plus difficile pour les entreprises d'apparaître sur la première page des résultats des moteurs de recherche. Ce qui signifie que vous ne pouvez pas uniquement compter sur le traffic

des moteurs de recherche lorsque vous commencez à partir. Vous devez trouver d'autres moyens de conduire des clients potentiels à votre site.

Google Ads

La publicité Google est une grande stratégie de marketing pour les nouvelles et les petites entreprises. Vous pouvez afficher une annonce pour votre entreprise à des personnes qui recherchent votre type d'entreprise à ce moment précis et qui recherchent des entreprises dans votre région.

Lorsqu'un consommateur recherche un terme ou une expression, Google affichera les annonces pertinentes basées sur les mots clés utilisés dans la recherche. Les entreprises qui veulent que leurs annonces apparaissent en haut de la page de résultats enchérir sur les mots-clés qu'ils croient que les gens utiliseront quand ils sont à la recherche de leur type d'entreprise.

Selon le montant que vous enchérissez, comparé à d'autres entreprises pertinentes dans votre région, votre annonce peut apparaître sur la page de résultats lorsque les gens recherchent les conditions particulières sur lesquelles vous avez enchéri. En plus de ce que vous enchérissez, Google prend également en compte la qualité et la pertinence de votre annonce, ainsi que votre site Web. Ainsi, même si vous êtes le plus offrant pour un mot-clé particulier, votre annonce n'apparaîtra pas sur la page de recherche si quelqu'un recherche une entreprise qui n'est pas pertinente pour votre entreprise.

L'une des raisons les plus impérieuses pour vous d'utiliser Google Ads lors de la promotion de votre entreprise est que vous avez seulement à payer pour la publicité lorsque quelqu'un clique sur le lien. Vous êtes en mesure de définir combien vous êtes prêt à payer par clic, et définir un budget quotidien maximum. Google AdWords a révolutionné la façon dont la publicité fonctionne en exigeant seulement que vous payez quand quelqu'un prend des mesures et clique sur le lien pour voir votre site.

Publicités Facebook

Avec plus de 2,2 milliards utilisateurs, Facebook est devenu une plateforme de marketing essentielle pour les entreprises. Cependant, l'algorithme en constante évolution du site peut rendre plus difficile la connexion avec le public cible approprié. Heureusement, vous pouvez utiliser des publicités Facebook pour vous aider à atteindre votre public cible en fonction de l'emplacement, des données démographiques, des intérêts et même des comportements. Ils permettent d'obtenir votre message de- vant les personnes qui sont plus susceptibles d'avoir besoin de vos produits ou services. Avant de plonger et de commencer à utiliser les publicités Facebook, il est essentiel pour vous de com- prendre les différents types d'annonces pour obtenir les meilleurs résultats.

• Annonces photo-annonces : photo sont un excellent moyen de commencer avec la publicité Facebook. Vous pouvez rapidement en créer un en quelques clics en stimulant une publication existante avec une photo de votre page Facebook.

• Annonces vidéo : vous pouvez montrer votre équipe ou un produit en action avec des annonces vidéo, ou vous pouvez les utiliser pour simplement être Ambitieux.

• Annonces carrousel : vous pouvez utiliser jusqu'à dix photos pour présenter votre produit ou service. Ces types d'annonces peuvent être utilisés pour mettre en évidence les différents avantages d'un seul produit ou un certain nombre de produits.

• Annonces diaporama : ces types d'annonces offrent un moyen facile de créer de courtes annonces vidéo avec une collection de photos fixes ou des clips vidéo. Comme les vidéos, ils ont un mouvement accrocheur sans utiliser une tonne de bande passante, ce qui leur permet de charger rapidement, même pour les personnes qui ont des connexions Internet lentes.

• Annonces de collection : ces annonces sont uniquement offertes sur les appareils mobiles et vous permettent de présenter un ou plusieurs produits que les clients peuvent cliquer pour acheter sans avoir à quitter Facebook.

• Les annonces instantanées d'expérience : un format d'annonce plein écran, qui charge 15 fois plus rapide qu'un site mobile en dehors de Facebook, et permettent aux consommateurs d'acheter votre produit ou service sans jamais quitter le site.

• Publicités à formulaire : ces publicités Facebook ne sont disponibles que sur les appareils mobiles, car elles sont destinées à faciliter le contact des consommateurs avec leurs coordonnées sans une tonne de dactylographie. Ils sont parfaits types d'annonces pour la collecte d'abonnements Newsletter, permettant aux gens de vous poser des questions, ou de signer quelqu'un pour un essai de votre produit.

• Annonces dynamiques : ces annonces vous permettent de promouvoir des produits ciblés pour les clients potentiels qui sont susceptibles d'être intéressés par eux. Par exemple, si un client a visité votre site et laissé un produit dans le panier d'achat, une annonce pour ce produit précis apparaîtra sur leur flux Facebook, leur rappelant de terminer leur achat.

La publicité de votre entreprise en ligne avec les publicités Facebook est un moyen facile et efficace de conduire plus de traffic vers votre site et d'augmenter les ventes.

Quora.com

Quora a été autour depuis 2009 et a plus de 200 millions visiteurs uniques chaque mois, mais pas beaucoup de gens connaissent la plateforme et comment il peut les aider à promouvoir leur entreprise. Quora est un site Web de questions-réponses, où les membres de la Communauté peuvent poser une question et leur faire répondre par des experts sur le site.

Beaucoup de réponses qui sont fournies sur Quora finissent sur les pages de résultats des moteurs de recherche en tant que pages Web individuelles. Parfois, ils ont même surclassé la plus grande des marques. Cela signifie que vous pouvez potentiellement recevoir des centaines, voire des milliers de vues pour vos réponses chaque mois. Cela le rend idéal pour les entreprises de rester dans les yeux du public et de conduire le traffic de référence à votre site quotidiennement sans avoir à passer du temps reposter votre contenu. C'est parce que vous traitez avec un public ciblé de personnes qui sont déjà intéressées par les sujets qui sont directement ou indirectement liés à votre entreprise.

Quora dispose d'un système de « upvote » qui permet aux membres de la communauté de voter pour des réponses spécifiques, ce qui garantit que seules les meilleures réponses seront afichées sur la page. Bien que toutes vos réponses ne soient pas upvotées, si vous vous concentrez sur la fourniture de réponses de haute qualité, vous augmenterez la probabilité qu'ils le fassent. La grande chose à propos de l'utilisation de Quora pour promouvoir votre entreprise est que vous n'avez pas à mettre dans une tonne de temps ou d'énergie pour qu'il soit efficace.

Collaborations

Collaborer avec d'autres entreprises sur des initiatives de marketing peut être extrêmement bénéfique pour votre nouvelle entreprise. Parallèlement à l'augmentation de votre exposition, les partenariats peuvent entraîner plus de prospects et un plus grand succès global pour votre entreprise que si vous étiez à travailler sur la même initiative seule.

Le choix de la bonne entreprise à collaborer est essentiel pour assurer un contenu de haute qualité est créé à partir des efforts conjoints. Vous voulez collaborer avec des marques que vous respectez et qui sont actifs avec leurs propres efforts de marketing. Les entreprises qui sont en mesure de se commercialiser efficacement sont plus susceptibles de co-commercialiser efficacement. Il existe de nombreuses façons de vous permettre de bénéficier d'un partenariat collaboratif avec une autre entreprise, notamment :

- Création d'un eBook ou d'un webinaire
- Promotions croisées
- offrez des rabais et des offres spéciales pour les parrainages
- co-branding

• lancez un concours ensemble

Collaborer peut aider votre entreprise à tirer le meilleur parti de vos efforts de marketing de contenu et à élargir votre audience tout en réduisant les coûts de marketing et en produisant un contenu plus convaincant.

Marketing face à face

Même lorsque vous utilisez une entreprise en ligne, vous ne devriez pas rabais sur l'efficacité du marketing face à face. Alors que le marketing en ligne par le biais des médias sociaux et SEO sont devenus la façon préférée pour de nombreuses entreprises de promouvoir leurs entreprises, il y a aussi plusieurs méthodes hors ligne qui peut être extrêmement efficace pour obtenir le mot sur les produits ou le service que vous vendez sans vous coûter une tonne d'argent.

La meilleure façon de le faire est en distribuant vos cartes de visite à tout le monde que vous avez une conversation avec pendant la journée. Bien qu'il ne prenne pas beaucoup d'efforts, il peut également avoir des résultats mitigés, c'est pourquoi vous devriez le combiner avec quelques autres tactiques.

Envisagez de rejoindre un groupe local

Meetup (https://meetup.com). Meetup a été autour depuis 12 ans, mais est extrêmement sous-évalué comme un site de réseautage social. Il y a deux façons que vous pouvez utiliser le site pour promouvoir votre entreprise. La première façon est de rechercher des groupes qui ont déjà été établis dans votre domaine d'intérêt et de participer aux événements qu'ils organisent. Cela vous donnera une chance de réseau avec des personnes partageant les mêmes idées et de développer une relation avec eux que vous promouvez votre entreprise.

La deuxième façon d'utiliser Meetup est de commencer votre

propre groupe et d'héberger vos propres événements en direct pour rencontrer des gens qui pourraient être intéressés par ce que vous vendez. Bien qu'il y ait un petit frais impliqué pour démarrer un groupe sur le site, il y a un certain nombre d'options de paiement pour vous aider avec le coût.

Si vous n'êtes pas en train de démarrer ou d'assister à un groupe Meetup régulier, vous pouvez également promouvoir votre entreprise en participant à des conférences locales. En participant régulièrement à des conférences, vous pouvez vous positionner comme un leader de la pensée dans votre industrie et bâtir la confiance avec vos clients potentiels. Les conférences vous donnent l'occasion de parler en personne avec des personnes de votre industrie et de ceux qui ont les mêmes intérêts que vous.

CHAPITRE 5 : MISE À L'ÉCHELLE DE VOTRE ENTREPRISE AFIN QUE VOUS PUISSIEZ TRAVAILLER MOINS

Maintenant que vous avez votre entreprise en cours d'exécution, vous vous demandez peut-être comment vous pouvez faire évoluer votre entreprise afin que vous puissiez travailler moins, parce que nous espérons tous qu'un jour notre entreprise sera autonome, prospère, et générant plus que suffisamment d'argent pour vivre confortablement. Heureusement, vous pouvez faire évoluer votre entreprise sans avoir à prendre des heures supplémentaires de travail.

Beaucoup de stratégies de mise à l'échelle là-bas aujourd'hui impliquent que vous avez à consacrer une tonne de plus de temps à la croissance de votre entreprise, ce qui est un peu impraticable pour une majorité de propriétaires d'entreprises. Heureusement il existe quelques stratégies qui peuvent vous aider à faire évoluer votre entreprise sans avoir à mettre beaucoup de temps ou d'efforts.

Augmentez vos prix

La façon la plus simple, la plus passive que vous pouvez faire évoluer votre entreprise est en chargeant plus pour votre produit ou service. Cela vous aide à gagner plus par vente, sans avoir à consacrer plus de temps à la commercialisation. Alors que vous pouvez vous inquiéter que la hausse des prix entraîne vos ventes à diminuer, il a été démontré que, même si vous pouvez perdre quelques ventes, vous savez toujours faire plus de revenus de la hausse des prix.

Créer un entonnoir de vente

Un entonnoir de vente efficace vous permettra d'obtenir les gens au sommet de l'entonnoir vers le bas de l'entonnoir d'une manière passive. Construire un entonnoir et faire des ventes une activité passive ne vous fera pas seulement gagner du temps, mais il augmentera efficacement les ventes. Voici une formule de base pour créer un entonnoir de vente efficace

• Créez un aimant de plomb

• promouvez-le sur votre site Web, en utilisant l'optimisation SEO pour l'aider à classer

• le promouvoir sur les sites à feuilles persistantes, comme Quora afin qu'il puisse être trouvé des mois sur la route

• configurez une séquence d'e-mails automatisée qui s'affiche pour les personnes qui s'inscrivent à votre aimant principal promotion de vos produits ou services.

Créer un programme d'affiliation

Mettre en place un programme d'affiliation qui paie les gens une Commission pour la promotion de votre entreprise. Bien que l'idée de donner aux affiliés une commission pourrait vous donner une pause, la majorité des ventes que vous faites en raison des affiliés, vous n'auriez probablement pas fait autrement.

Créer des téléchargements gratuits ou payants basés sur les posts de blog que vous avez créés

Si vous créez beaucoup de contenu de longue forme, vous pouvez réutiliser ces articles de blog dans des eBooks téléchargeables, et des guides. Le processus est simple, tout ce que vous devez faire est de prendre votre texte et les images et les mettre dans un programme de conception comme InDesign et l'offrir comme un freebie sur votre site pour vous aider à construire votre liste de courriels. Ou vous pouvez leur vendre pour un prix pas cher.

Bien qu'il pourrait ne pas sembler comme il vaudrait le temps ou l'effort de vendre un produit pour $10 ou moins, il y a un déclencheur psychologique qui obtient incliner quand quelqu'un achète de vous. Une fois qu'ils ont acheté juste une fois, ils sont plus susceptibles d'acheter de vous dans le futur parce que vous avez déjà établi la confiance.

Ce sont quelques-uns des moyens les plus faciles et les plus efficaces que vous pouvez faire évoluer votre entreprise sans travailler plus. Une fois que vous avez mis en œuvre certaines de ces stratégies, vous commencerez à voir une augmentation notable de vos profits.

CHAPITRE 6 : COMMENT TRAVAILLER MOINS ET ENCORE DÉVELOPPER VOTRE ENTREPRISE

Au fur et à mesure que votre entreprise grandit, vous commencerez à voir votre charge de travail s'alourdir. Si vous voulez éviter de devenir submergé et de brûler, alors vous aurez besoin d'utiliser des stratégies qui vous permettront de continuer à développer votre entreprise, tout en travaillant moins. Pour ce faire, vous devez commencer à déléguer vos tâches, ce qui peut être fait par l'externalisation.

Il y a deux avantages principaux pour externaliser certaines de vos activités pendant que votre entreprise grandit:

1) pour vous aider à éviter de devenir submergé, et

2) pour augmenter votre revenu.

Comme votre entreprise commence à générer des revenus, il peut être utile d'embaucher un assistant virtuel pour vous aider avec certaines des tâches simples, mais chronophages, même si ce n'est que pour quelques heures par jour. Cela vous permettra de concentrer votre énergie sur des aspects de votre entreprise. Vous pouvez être inquiet au sujet du coût de l'externalisation d'une partie de votre travail, mais vous devez vous rappeler qu'en externalisant certaines des tâches quotidiennes plus subalternes, il libère plus de votre temps de travailler sur ces activités qui vous apportera encore plus de revenus.

Grâce à la technologie d'aujourd'hui, l'externalisation est beaucoup plus facile et leur permettra d'embaucher des gens sans avoir à leur fournir un bureau, ce qui peut également réduire vos frais généraux.

Voici quelques-unes des fonctions d'affaires couramment externalisées et comment elles peuvent vous aider à développer votre entreprise:

▷Support informatique et technique

Les programmeurs de logiciels, les administrateurs réseau, les développeurs d'applications et même les concepteurs de sites Web peuvent tous être externalisés. Tout ce qu'ils peuvent faire peut-être accompli à partir d'un ordinateur avec une connexion Internet. Par le déchargement des tâches informatiques et des questions à un Freelancer externe ou une entreprise va libérer votre temps.

▷Administrative

L'administration des affaires est une composante essentielle de chaque entreprise, mais elle est incroyablement chronophage et financièrement coûteuse. Heureusement, les services administratifs sont parmi les plus faciles à Externalisé. Il y a une tonne de pigistes hautement qualifiés qui peuvent aider votre entreprise à fonctionner plus facilement. Les activités qui peuvent être externalisées aux pigistes sont les tâches qui sont essentielles à la fonction normale de votre entreprise, mais sont également les plus chronophages et coûteux.

▷Financière

La plupart des entreprises qui échouent ont tendance à passer à cause de la mauvaise gestion des flux de trésorerie, de sorte que vos finances ne sont pas quelque chose que vous pouvez prendre à la légère. Les services financiers de votre entreprise comprennent la comptabilité, le traitement de la paie, les comptables et les analystes. En plus d'économiser de l'argent, l'externalisation de vos services financiers peut aider à améliorer l'exactitude de vos dossiers et d'identifier plus de possibilités de croissance.

▷ Marketing

Sans marketing approprié, il peut être difficile d'avoir une entreprise prospère. Le marketing est ce qui vous aide à établir votre marque et à générer plus de prospects. L'utilisation d'un individu ou d'une entreprise externe peut vous aider à obtenir une perspective extérieure de votre marque. Un professionnel du marketing peut jeter un œil à votre entreprise comme le fait votre public cible et vous aider à rendre vos efforts de marketing plus efficaces.

La valeur réelle de l'externalisation de votre marketing provient de l'expertise qu'elle fournit. Le domaine du marketing est en constante évolution, et vous ne pouvez pas vous attendre à suivre les dernières tendances, tout en essayant de gérer votre entreprise. Les pigistes peuvent vous aider à développer un contenu marketing personnalisé de haute qualité qui peut avoir un impact significatif sur votre entreprise.

L'externalisation de plusieurs de vos tâches ne sont pas la seule façon que vous pouvez développer votre entreprise tout en travaillant moins. Avec la systémisation d'affaires en ligne, vous pouvez automatiser un grand nombre de vos processus quotidiens afin que vous puissiez libérer plus de votre temps.

▷ Avantages de la Systémisation de votre entreprise

La systémisation d'affaires en ligne consiste à combiner votre vision avec les aspects pratiques du monde des affaires pour réussir. Beaucoup de propriétaires d'entreprise en ligne croient que quand ils systématisent leur entreprise, ils seront jetés dans un éventail infini de réunions qui créera une tonne d'éléments d'action qu'ils devront suivre afin qu'encore plus d'éléments d'action peuvent être créés. Avoir une entreprise systématisée, cependant, ne signifie pas que vous serez pris en compte dans tant de politiques et de procédures que vous perdrez votre capacité à travailler sur n'importe quoi productif. La Systémisation de votre entreprise ne consiste pas à créer une machine et à être dominée par cette machine. Systemizing votre entreprise n'a pas à être compliqué.

La véritable systémisation d'affaires consiste à créer une procédure de fonctionnement stable qui sait ce qui doit être fait, a un moyen de le faire, et obtient le travail fait. Lorsque vous avez une entreprise véritablement systématisée, vous libérez plus de votre temps pour vous concentrer sur des aspects plus importants de votre entreprise. Lorsque votre entreprise est correctement systématisée, les procédures ont un sens et ont toujours un but. Il existe de nombreux avantages que votre entreprise peut gagner par la systématisation.

Réduisez les coûts la gestion de votre boîte de réception d'e-mails ou la lecture de piles de courrier n'est pas l'utilisation la plus efficace de votre temps. Votre temps, en tant que propriétaire d'entreprise, serait mieux dépensé pour analyser de nouvelles opportunités d'affaires ou pour développer de nouvelles gammes de produits. Déléguer ces tâches quotidiennes qui sont nécessaires pour gérer votre entreprise, peut libérer votre temps, mais sans procédures commerciales clairement documentées, vous ne serez pas en mesure de déléguer ces tâches.

Augmentez l'efficacité, documenter vos procédures, vous permettra de découvrir toutes les étapes inutiles que vous pourriez prendre. Lorsque vous enregistrez vos systèmes, vous vous fournissez la possibilité d'améliorer le processus, ce qui peut entraîner la réduction des coûts et la libération de votre temps précieux pour développer votre entreprise.

▷ Améliorer les performances

Lorsqu'une entreprise manque de procédures, elle a souvent des employés qui ont leur propre façon de gérer les tâches. Cela peut conduire à des inefficacités. Ne pas avoir de procédures documentées peut conduire votre équipe à remplir la même fonction de différentes façons. L'enregistrement de la meilleure façon d'effectuer la tâche permettra à chacun de devenir plus efficace dans son travail et d'améliorer sa performance.

▷ Améliorer la communication

L'un des plus grands tueurs de temps et de profits dans une entreprise est la mauvaise communication. Quand il n'y a pas de procédures documentées en place, la communication interne et externe peut devenir un énorme problème. Lorsque vous avez des procédures clairement écrites, il y a moins d'arguments sur la façon dont les choses doivent être faites.

▷ Libérez plus de votre temps

Lorsque votre entreprise est systématique dans son fonctionnement et la fonction, il libère votre temps afin que vous puissiez vous concentrer sur les activités qui vous aideront à développer votre entreprise. Au lieu de passer l'après-midi à répondre aux e-mails, vous pouvez travailler sur vos efforts de marketing ou de promouvoir votre entreprise à des événements locaux. La systématisation d'entreprise vous donne la possibilité de passer votre temps sur ces efforts sans avoir à vous soucier que vos opérations de l'entreprise ont cessé parce que vous êtes loin du bureau. Quand il s'agit de diriger une entreprise prospère, il est important de se rappeler que votre entreprise, ainsi que les marchés que vous servez, ne sont pas statiques, mais sont dans un état constant de flux. Cela signifie que vous aurez besoin de repenser et d'affiner vos systèmes et contrôles.

CONCLUSION

L'Internet regorge d'opportunités, de quelque chose d'aussi abstrait qu'une idée à un produit concret, vous pouvez vendre n'importe quoi. La seule chose qui est nécessaire dans le processus est votre niveau de compréhension sur la façon de commencer et de maintenir votre entreprise. Comment bien vous contemplez vos compétences et votre expertise et dans quelle mesure vous êtes disposé à investir dans votre entreprise en ligne. Il vous suffit de fournir vos services pour commencer à gagner un revenu.

Une fois que vous créez votre identité sur une plate-forme unique, il est beaucoup plus facile pour vous d'atteindre des millions de personnes. C'est pourquoi trouver un moyen de rendre le revenu en ligne est devenu si populaire. Il ouvre le domaine des options en face de vous. C'est à vous de savoir quel chemin vous prenez pour atteindre votre objectif.

Rappelez-vous: qui est en mode actif domine qui est en mode passif (en mode hypnotique).

ACCORD DE DECHARGE DE RESPONSABILITE ET DE CONDITIONS D'UTILISATION

L'auteur et l'éditeur ont fait de leur mieux pour préparer cet exposé. L'auteur et l'éditeur n'offrent aucune représentation ou garantie du respect de l'exactitude, de l'applicabilité, de la justesse ou de l'état complet du contenu de cet exposé. Les informations contenues dans cet exposé sont strictement dans un but éducatif et informatif. Par conséquent, si vous souhaitez appliquer les idées contenues dans cet exposé, vous prenez la responsabilité totale de vos actions. Tous les efforts ont été fournis pour présenter ce produit et ses potentiels avec exactitude. Pourtant il n'y a aucune garantie que vous vous améliorerez de quelque manière que ce soit en utilisant les idées et techniques présentées dans ce matériel. Les exemples de ce matériel ne doivent pas être interprétés comme une promesse ou une garantie de quoi que ce soit. Les potentiels de débrouillardise et d'amélioration personnelle ne dépendent que de la personne utilisant nos produits, idées et techniques. Votre niveau d'amélioration pour atteindre les résultats cités en exemples, dépend du temps consacré à ce programme, aux idées et techniques mentionné es, à la connaissance et aux compétences variées. Puisque ces facteurs différent chez chaque individu, nous ne pouvons garantir votre succès ou votre niveau d'amélioration. Nous ne sommes pas non plus responsables de vos actions. L'auteur et l'éditeur se déchargent de toute garantie (expresse ou implicite), de toute garantie d'aptitude à la vente ou dans un but particulier. L'auteur et l'éditeur ne peuvent être tenus pour responsables, vis - à - vis de qui que ce soit, pour tous dommages génériques, spécifiques, secondaires, punitifs ou tout autres dégâts consécutifs survenant directement ou indirectement de toute utilisation de ce matériel, qui est fourni « en l'état » et sans aucune garantie.

AVERTISSEMENT :

Ce livre contient des informations protégées par les droits d'auteur. Toute reproduction ou utilisation non autorisée de ce matériel est strictement interdite. Les violations des droits d'auteur sont sanctionnées pénalement Art. L. 335 - 1 à L. 335 - 10 : La violation des droits d'auteurs est constitutive du délit de contrefaçon puni d'une peine de 300 000 euros d'amende et de 3ans d'emprisonnement (CPI, art. L. 335 - 2). Des peines complémentaires - fermeture d'établissement, confiscation, publication par voie d'affichage de la décision judiciaire - peuvent en outre être prononcées... Le code de la propriété intellectuelle entend par contrefaçon tous les actes d'utilisation non autorisés de l'œuvre.

Neya Urbanek

UN DERNIER MOT

Ce livre est écrit par moi-même, Neya Urbanek, pour vous rendre service. Si vous lui trouvez quelques défauts ou imperfections qui vous gêne, n'hésitez pas à me le dire afin que j'améliore la prochaine édition. Si vous parvenez, grâce à lui, à développer une petite affaire bien à vous, indépendante et lucrative, sans quitter votre « chez vous », si vous vous enrichissez non seulement vos connaissances mais aussi financièrement, faites-le moi savoir - cela me fera plaisir !

Chaque fois qu'une personne m'écrit pour me dire que je lui ai rendu service, cela m'encourage à continuer...

Voilà où je puise ma propre motivation !

Signée :

Dulcinéia Pereira Neto Née à Campo Alegre de Goiás, GO - Brésil, le 23 février de 1976,
vit en Belgique depuis juillet 2005,
signe ses oeuvres comme Neya Urbanek.

https://www.neyaurbanek.be ebook@neyaurbanek.be

www.ingramcontent.com/pod-product-compliance
Lightning Source LLC
Chambersburg PA
CBHW021808170526
45157CB00013B/3185